TREIZIEME LETTRE
D'UN
SEIGNEUR HOLLANDOIS
à un de ses amis.
À LA HAYE.

Parallèle de la situation de la République de Hollande, avec celle de la République de Gènes.

MONSIEUR,

Malheureusement, je ne me suis donc pas trompé lorsque je vous ai annoncé que nous ne devions pas espérer d'être si-tôt dé-

A

livrés des Hôtes incommodes,
qu'il a plû à la Cour de Vienne
de nous envoyer ; & ce qui doit
redoubler notre douleur, c'est
que nous avons tout sujet de
craindre que ces fâcheux Hôtes
n'abandonnent nos Provinces,
que lorsqu'ils auront achevé de
les épuiser.

Nouveau sacrifice que nous
coûtera notre aveugle dévoué-
ment aux intérêts d'une Maison
dont l'ambition & l'injustice nous
ont entraînés dans tous les malheurs qui nous ont successive-
ment accablés ; & pour ne parler que de la situation présente
de notre République, à quoi
devons nous attribuer la cause

des périls où nous fommes expofés ? n'eft-ce pas à la facilité
inconfiderée que nous avons eu
d'époufer au préjudice de notre
tranquillité & de notre repos une
querelle qui nous étoit parfaite-
ment étrangere, puifque, comme
je l'ai démontré dans plufieurs
de mes Lettres , les engagemens
que nous avions contractés avec
la Cour de Vienne par rapport à
laPragmatique-Sanction étoient
non-feulement nuls ; mais qu'il
eft vrai encore que nous ne pouvions les remplir fans nous rendre nous-mêmes coupables d'injuftice.

Il n'a pas affurément dépendu
de la France que nous n'ayons

pris le parti d'une exacte neutralité ; mais les séduifantes follicitations, les artificieufes remontrances du Miniftere Autrichien ont triomphé de toutes
les confidérations que nous devions à l'intérêt de notre fûreté.
Nos fortunes, nos vies, notre
repos, nous avons tout facrifié
à l'efpérance d'abaiffer une Puiffance, qui depuis le commencement de la Guerre n'a pas ceffé
d'avoir pour nous des ménagemens aufquels nous n'avions gue-
res lieu de nous attendre : &
en effet que de fujets de mécon-
tement n'avions-nous pas donné
à cette Couronne. Aurions-nous
été autorifés à nous plaindre,

(5)

fi elle nous eût traité comme la
République de Genes l'a été par
une Cour accoutumée à ne mettre aucune borne à fon implacable vengeance ; & cependant
quel eft le crime de cette malheureufe République ! Vous le
fçavez, Monfieur, les plus cruels
traitemens font les châtimens
des mefures qu'elle a prifes pour
pourvoir à fa fureté.

Telle eft la modération & la
juftice de la Cour de Vienne:
qu'il eft heureux pour nous que
la France fe conduife par d'autres principes ! Mais venons ,
Monfieur , au parallele qui doit
faire le fujet de cette Lettre. Une
généreufe pitié ne nous a pas per-

mis d'être infenfibles aux malheurs qui accablent une République injuftement opprimée. Nous nous fommes intéreffés en fa faveur, & il n'a pas tenu à nos bons offices & à nos foins, que l'on n'ait mis fin à l'oppreffion qu'elle fouffre. Mais qu'avons-nous fait pour nous dérober nous - mêmes aux dangers qui nous menacent, & qui ne font que trop capables de nous effrayer ? Nous plaignons le fort des Genois ; & notre deftinée eft-elle moins trifte que la leur ? Nous n'avons pour en juger qu'à comparer la fituation actuelle de notre République avec celle de la République de Genes.

(7)

Je dis , Monfieur , (& que je
voudrois bien qu'il ne me fût pas
auffi facile de le prouver) que
notre République eft plus opprimée , plus épuifée , plus dé-
pendante & plus efclave que ne
l'eft la République de Genes.
Reprenons ces différens points.
Je dis plus opprimée.

● La perte de nos Barrieres a été
une fuite du malheureux fuccès
que nous eûmes à Fontenoy.
Nous y avons été battus ; mais
l'aurions-nous été , fi les Cours
de Vienne & de Londres euffent
été fidelles à remplir leurs engagemens? Il avoit été reglé que
les Troupes à la folde de l'Angleterre formeroient un Corps

A iiij

d'Armée de quarante mille hommes ; & Sa Majesté Britannique ne fit passer dans les Pays-Bas qu'une partie du secours qu'elle avoit promis ; ce n'est pas que la Nation Angloise n'eût généreusement avancé les fonds nécessaires pour fournir à la levée & à l'entretien d'un si grand nombre de Troupes. Mais une partie des subsides qu'elle avoit accordés, étoit malheureusement demeurée à Londres, ou avoit été transportée à Hanovre.

La Reine de Hongrie d'un autre côté, plus allarmée des périls dont ses Etats d'Allemagne étoient menacés par un Ennemi puissant, qu'effrayée des

dangers où les Pays-Bas Autrichiens étoient expofés, crut qu'-
elle pouvoit en toute fureté fe
repofer fur nous du foin de veil-
ler à leur défenfe ; & dans cette
perfuafion, ou plutôt dans le
deffein de nous lier de façon
qu'il ne nous fût pas poffible de
fecouer le joug, qu'elle vouloit
nous impofer, elle n'envoya
en Flandres que de foibles fecours.

La paix de Drefde ranima nos
efpérances, & cette paix qui,
comme je l'ai remarqué dans ma
dixiéme Lettre, avoit rendu
l'Electeur de Saxe l'infortunée
victime de fon attachement à la
Cour de Vienne, n'eut pas à

beaucoup près pour nous le succès que nous nous en promettions ; mais que nous n'aurions
pas dû en attendre.

La Cour de Vienne qui crai-
gnoit de se voir abandonnée par
un Allié qui étoit sur le point
de lui échapper , crut que pour
le retenir dans ses intérêts , elle
devoit faire passer en Italie la
plus grande partie de ses forces ,
sans songer que nous avions be-
soin de ces mêmes forces pour
les opposer à un ennemi qui n'a-
voit plus que quelques pas à
faire , pour s'ouvrir un chemin
dans l'intérieur de nos Provinces.

S'il n'y a pas encore penetré ,

s'il n'y a pas encore porté toutes les horreurs de la Guerre ;
ne lui étoit-il pas facile de le
faire ? étoient-ce les miférables
débris d'une Armée ruinée qui
euffent été capables d'arrêter le
cours de fes rapides Conquêtes ?
Or fi la France n'a pas voulu
employer contre nous la fupé-
riorité de fes forces ; fi elle a
pouffé la modération à notre
égard jufqu'à s'abftenir d'entâ-
mer nos Frontieres, ne devons-
nous pas conclure que fon deffein n'étoit pas d'étendre fur
nous fes Conquêtes ?

On eft cependant venu à bout
de nous le perfuader , & cette

perſuaſion nous a mis dans la néceſſité de ſouffrir que nos Provinces fuſſent inondées de Troupes Etrangeres , comme ſi elles nous euſſent été néceſſaires pour détourner un orage dont nous n'étions pas menacés. C'eſt ſur ce prétexte que l'on en a augmenté le nombre, & nous a-t'on laiſſé la liberté de ne pas les recevoir ? les malheureux Habitans des Provinces où ces Troupes ont été diſtribuées , oublieront-ils ſi-tôt ce qu'ils ont eu à ſouffrir de leur licence ; & n'étoit-il pas naturel de penſer qu'elles n'en uſeroient pas autrement à l'égard de nos Provinces, qu'elles en avoient ufé à l'égard des Cercles & Etats Neutres de l'Empire ?

Plus fages que nous, ils ont fçû fe décharger d'un fardeau qui les avoit accablés, & qui nous accable. Ils avoient cependant contracté les mêmes engagemens que nous ; comme nous, ils avoient promis la garantie de la Pragmatique-Sanction ; mais c'eft parce qu'ils ont connu l'invalidité & l'injuftice de cette efpece de loi qu'ils ont embraffé la neutralité, ne croyant pas qu'ils dûffent pouffer la générofité jufqu'à facrifier leur tranquillité & leur repos aux vûes ambitieufes d'une Maifon dont les

intérêts n'ont rien de commun
avec ceux de l'Empire.

Vous êtes témoin comme moi,
Monſieur, de la ſcrupuleuſe fi-
delité avec laquelle cette neutralité ſi avantageuſe à l'Allemagne y eſt obſervée. C'eſt en
vain que la Cour de Vienne a
tenté toute ſorte de voyes pour
faire accorder à une partie des
Troupes Autrichiennes des quartiers d'hyver dans quelques Cercles & Etats de l'Empire. Qu'-
ont-ils répondu ? Que redeva-
bles de la paix dont ils jouiſ-
ſoient au ſage parti qu'ils avoient
pris , ils ſe garderoient bien de
rien faire qui pût donner la moindre atteinte à la neutralité qu'ils

s'étoient propofé de garder in-
violablement.

Qu'il feroit à fouhaiter que
nous nous fuffions confervé la
liberté de fuivre un pareil exemple ! Mais notre malheur ou plutôt notre imprudence a permis
que nous ne croyions pas nous-
mêmes, que nous puiffions nous
fouftraire au joug que nous nous
fommes impofé. Nos Provinces
cependant retentiffent des gé-
miffemens du peuple ; nous en
fommes touchés, mais nous nous
contentons d'accorder à fes maux
une pitié ftérile , parceque nous
fommes comme affujettis à ne
pouvoir prendre de réfolutions,
que conformément aux vuës &

aux defirs des Cours de Vienne
& de Londres.

Qu'il s'en faut bien que la premiere fe contente à préfent
d'employer auprès de nous le
feul fecours des prieres ou des
remontrances ; quoique depuis
le commencement de la Guerre
nous ayons en mille occafions
fatisfait bien au de-là de nos
engagemens ; ce font cependant
chaque jour de nouvelles char-
ges toujours plus onéreufes que
l'on nous impofe , & ne nous
met-on pas dans la néceffité de
les porter ? Ces quartiers d'hyver
qui font pour nos Provinces le
fardeau le plus accablant , nous
a-t'il été libre de les refufer à ce

grand

grand nombre de Troupes qui inondent le Pays ?

Le peuple a beau éclater en plaintes & en murmures, car pour qu'il fouffrît patiemment de fe voir opprimer, il faudroit qu'il ne fût pas autant perfuadé qu'il l'eft, que cette même Guerre qui l'épuife ne peut apporter aucun avantage réel à notre République, quel qu'en doive être le fuccès. Il faudroit que ce peuple qui raifonne, ne fentît pas qu'il eft moins encore obligé que l'Empire de facrifier fa tranquillité & fa fortune, pour maintenir la Reine de Hongrie dans la poffeffion d'un héritage fur lequel elle n'a aucun droit.

B

Si nous en croyons cepen-
dant les Miniſtres de la Cour de
Vienne , ce ſont nos propres intérêts bien plus que ceux de la
Maiſon d'Autriche qui forment
le principal objet de la continuation de la Guerre. De-là les
audacieuſes menaces qu'ils ont
oſé nous faire de ſe détacher de
notre alliance , ſi nous ne pre-
nions le ſoin de pouſſer la Guerre,
& ſi nous ne nous déterminions
à en faire les plus grands frais.

Je ne ſçais , Monſieur , ſi je
me trompe , mais je crois que
l'exécution de ces menaces eut
été pour nous la ſource des plus
grands avantages , nous aurions
gagné par - là de nous voir dé-

livrés des périls où nous fommes expofés. Le repos & la tranquillité euffent été rendus à nos Provinces. Eût-il pris envie aux Alliés qui nous auroient abandonnés, ou dont nous nous ferions féparés, de tourner leurs Armes contre nous; nous aurions été affurés de trouver dans l'affiftance de la France les fecours les plus puiffans fans que nous euffions été obligés de les acheter.

S'il a été un tems où nous avons bravé les impuiffantes menaces de nos Ennemis, n'a-ce pas été lorfque nos intérêts ont été confondus avec ceux de la France? N'oublions pas que c'eft à cette même Couronne que nous devons la liberté dont nous jouïſſons, la ſoupçonnerions-nous de vouloir détruire ſon propre ouvrage ?

Mais achevons d'examiner quelle eſt la ſituation actuelle de notre République à la cruelle oppreſſion qu'elle ſouffre. Joignons encore un épuiſement réel, & qui ne ſe fait que trop ſentir.

Si tandis que nous avons aſſuré la France d'une exacte neutralité, nous nous ſommes procuré les avantages d'un commerce floriſſant, ces richeſſes fruits de notre induſtrie & de notre ardeur infatigable pour le travail, ſont-elles demeurées entre nos mains? Elles n'ont fait qu'une bien petite partie des subsides immenses que nous avons fait passer à Vienne, à Turin, à Dresde, à Treves, à Mayence, à Cologne, & dans plusieurs autres Cours de l'Allemagne ; & a-t'il dépendu de nous que nous n'ayons signalé notre zéle pour les intérêts de la Maison d'Autriche par des dépenses encore plus ruineuses ?

Si nos négociations dans les Cours du Nord avoient eu le succès que nous nous en promettions, aurions-nous hésité de prendre à notre solde toutes les Troupes que ces différentes Cours auroient voulu nous fournir ; comme si les augmentations réiterées que nous avions faites dans nos propres Troupes , n'avoient pas déja assez épuisé nos trésors ; & pour nous épargner les frais d'un armement si considérable , nous n'avions qu'à nous en tenir au parti que l'intérêt de notre sûreté nous conseilloit de prendre. Si nous n'avions pas épousé avec trop de chaleur les intérêts des Ennemis de la France , si dans le tems même qu'elle se tenoit sur la défensive nous n'avions pas fait passer de nouvelles Troupes au secours de la Reine de Hongrie , nous eussions pû obtenir de la France qu'elle eût porté la Guerre bien

loin de nos Barrieres ; mais pouvions - nous efperer qu'elle les
épargnât , après que nous nous
étions montrés difpofés à venir
l'attaquer elle-même dans fes
Provinces?

Mais achevons de parcourir
les caufes de l'épuifement de notre République. Que ne lui a pas
coûté , & que ne lui coûte pas
encore actuellement l'entretien
de tant de différens corps de
Troupes difperfées dans nos Provinces ? N'en eft-ce pas affez du
long féjour qu'elles y ont déja
fait pour y avoir répandu la
mifere ? Je veux que les pays
voifins contribuent de leur côté
à la fubfiftance de ces mêmes

Troupes ; mais ce n'eſt-là qu'un bien foible ſoulagement pour la Hollande. Car des Pays que nous ſçavons être entierement ruinés par la Guerre , peuvent-ils être d'une grande reſſource pour l'entretien d'une Armée ? Cette Armée qui devoit être rendue ſupérieure eu nombre à celle de l'Ennemi , & qui n'a pû cependant empêcher que l'Ennemi n'ait achevé de faire la Conquête entiere des Pays-Bas, aux dépens de qui a-t'elle ſub-ſiſté pendant toute la Campagne ? N'eſt-ce pas de la Hollande que lui eſt venu ce prodigieux amas de munitions de Guerre & de bouche qui lui étoient néceſ-ſaires ? Mais

Mais ce qui doit achever ,
Monſieur , de mettre le comble
à notre douleur , c'eſt que les
maux qui nous accablent ne ſont
que le commencement de ceux
dont nous ſommes menacés. Les
heureux ſuccès qui ont accom-
pagné en Italie les Armes de
nos Alliés ont ranimé nos eſpé-
rances , & ce ſont ces mêmes
ſuccès qui me font trembler. Ils
éloigneront la concluſion de la
Paix , & c'eſt-là le coup le plus
funeſte qui pût nous être porte.

La Guerre continuera ; déja
on ſe prépare de part & d'autre
avec un nouvel accroiſſement de
vigueur , & la Guerre pourra-
t'elle continuer ſans que notre

C

République acheve de s'épuiser?
Ce sera une néceffité de lever
de nouvelles Troupes , fi l'on
veut combattre avec quelque
efperance de fuccès ; nouveaux
fubfides par conféquent , que
nous ferons obligés d'accorder ;
& ne fommes-nous pas affurés
que ces fubfides ne feront pas
tant réglés felon le befoin , que
felon l'infatiable cupidité du Miniftere Autrichien ? Je l'ai déja
dit , & je ne crains pas de le
répeter ; la Guerre fut de tout
tems pour la Cour de Vienne
une efpece de moiffon abon-
dante ; fi la Paix épuife fes tréfors , c'eft la Guerre qui les rem-
plit. Auffi ne met-elle bas les

Armes, que lorfque la fource des fubfides qu'elle exigeoit, eft entierement tarie.

Mais achevons d'examiner tout ce que notre République a à appréhender de la continuation de la Guerre. Aux nouveaux fubfides qu'elle ne pourra s'empêcher d'accorder, joignons la néceffité où elle fera de fournir comme auparavant à la fubfiftance d'une Armée nombreufe. Car je fuppofe que la France prenne le parti de fe tenir en Flandre fur la défenfive, la crainte que nous aurons que cette Couronne ne forme quelque entreprife fur nos Provinces, fera pour nous une raifon

de lui oppofer des forces ou éga-
les, ou fupérieures aux fiennes.
La Guerre continuera donc à fe
faire fur nos Frontieres, qui fe
trouveront inondées de toutes
les Troupes qu'il plaira à nos
Alliés de faire paffer en Hollande, & fur le prétexte que ces
Troupes feront deftinées à veil-
ler à notre défenfe, nous ferons
chargés du foin de les faire fub-
fifter à nos dépens.

Mais ce qui m'effraye, Monfieur, c'eft que je crains que la
France rebutée du peu de fuccès qu'ont eu les ménagemens
dont elle a ufé à notre égard,
ne nous faffe payer cherement
l'abus que nous aurons fait de

fa modération. Car, encore une fois, pouvons-nous difconvenir qu'il ne lui ait été facile, & qu'il ne lui foit encore aifé de porter toutes les horreurs de la Guerre dans l'intérieur de nos Provinces ; en expoferons-nous la deftinée au hazard du fort d'une Bataille ? nous pouvons la perdre, le Vainqueur en ce cas négligera-t'il de profiter de fes avantages , fouffrira-t'il que fes Ennemis trouvent comme auparavant dans nos Provinces , une retraite qui les dérobe à fes pourfuites ?

Flatons-nous , je le veux , de l'efpérance des plus heureux fuccès , promettons - nous que la

Campagne s'ouvrira par une Bataille qui sera décisive en notre
faveur, que par divers avantages remportés sur l'Armée de
France, nous l'obligerons de
s'éloigner de nos Frontieres, &
que par-là nous nous délivrerons
des allarmes que son voisinage
répand dans nos Provinces ; at-
tendrons-nous pour mettre bas
les Armes que nous nous soyons
remis en possession de ce grand
nombre de Places fortes qu'elle
nous a enlevés ; sera-ce là l'ouvrage d'une ou de deux Cam-
pagnes ? Mais cela ne suffira pas
pour exécuter les vastes projets
enfantés par l'ambition de la
Cour de Vienne. Avant que de

fonger à entendre parler d'ac-
commodement , il faudra que
l'on ait dépouillé la France de
plufieurs riches Provinces qui
doivent être reftituées à la Maifon d'Autriche , fi l'on veut rétablir ce fameux Equilibre, d'où
l'on fait dépendre le maintien
du repos & de la liberté de l'Europe. C'eft donc à dire felon ce
fyftême , que la Guerre ne fait
que commencer ; & ne nous
trouvons-nous pas malheureu-
fement épuifés au point qu'il ne
nous eft plus poffible d'en fup-
porter le poids encore long-
tems ?

Mais enfin , Monfieur , quelle
que doive être l'iffue de la Guer-

re préfente , quel avantage nous en reviendra-t'il ? Le recouvrement de nos Barrieres, eft le point qui femble nous intéreffer le plus ; & c'eft, felon moi , le point qui devroit nous intéreffer le moins. Une trifte expérience nous a appris combien ces Barrieres nous étoient à charge, combien il nous en a coûté pour les acquerir , & plus encore pour les conferver ; & de quelle utilité nous ont - elles été ? Reconnoiffons qu'elles nous étoient d'un bien foible fecours pour la fûreté de nos Provinces. Je veux que ces Barrieres nous foient rendues ; dans quel état nous feront-elles remifes , combien ne s'écoulera - t'il pas de tems, avant que nous foyons en état de facrifier des fommes immenfes pour les rétablir?

Ce feroit pour nous, Monfieur, une confolation, fi nous combattions dans l'efpérance d'être dédommagés des pertes exceffives que la Guerre nous aura fait effuyer. Mais ces dédommagemens de qui pourrions-nous les efperer? Eft-ce de la France, & pourquoi payeroit-elle les frais d'une Guerre, laquelle, comme je me propofe de le démontrer dans la premiere Lettre que j'aurai l'honneur de vous écrire, n'a été entreprife, & n'a été continuée que par l'injuftice de la

(34)

Cour de Vienne ? Mais d'ailleurs ignorons-nous les reſſources infinies qu'a la France pour pouſſer la Guerre avec ſuccès ? quelques efforts que nous faſſions pour affoiblir cette Puiſſance, l'abaiſſerons-nous au point de la forcer d'accepter telles conditions de paix qu'il nous plaira de lui impoſer ? Que la ſituation où elle ſe trouve eſt bien différente de celle où elle étoit ; lorſque l'on oſa lui faire à Gertruidemberg des propoſitions de Paix autant injurieuſes à ſa gloire qu'incompatibles avec les moindres ſentimens d'humanité de la part de ceux qui les lui faiſoient ! Souhaitons, Monſieur , pour notre

propre intérêt que la France ait
perdu le ſouvenir de la dureté
dont ſes fiers Ennemis uſerent
alors à ſon égard. Nous parlons
de faire ſur elle des Conquêtes,
& notre République auſſi-bien
que l'Angleterre ſera épuiſée,
avant ſeulement que nous ayons
pû enlever à la France quelques-
unes des Provinces que le ſort
des Armes vient de mettre ſous
ſa Puiſſance.

Nos eſperances par rapport
aux indemnités que nous pour-
rions exiger, doivent donc ſe
tourner du côté de la Cour de
Vienne : mais que le paſſé nous
ſerve de régle pour juger de l'a-
venir ; peu contens d'avoir ſa-

crifié nos tréfors , nous avons accumulé dettes fur dettes, nous nous fommes appauvris pour fournir aux frais d'une foule de Guerres entreprifes pour le feul intérêt de la Maifon d'Autriche, & une noire ingratitude de fa part, a été en mille occafions la récompenfe des importans fervices que nous lui avons rendus. Tel fut toujours le fort des Alliés de cette ingrate Maifon. Si elle en a récompenfé quelques-uns, ç'a été en difpofant en leur faveur des biens qui ne lui appartenoient pas. Avançons , Monfieur.

La dure oppreffion que nous fouffrons, l'état d'épuifement où

nous ſommes réduits , la gran-
deur & la multitude des périls
où nous ſommes expoſés , doivent nous faire avouer qu'il ne
fut jamais de criſe plus violente
que celle où nous nous trouvons. Il eſt donc pour nous
d'une importance extrême de
nous retirer des mauvais pas
où nous nous ſommes malheu-
reuſement engagés. Nous nous
piquerions d'une généroſité mal
placée , & qui tiendroit de la
folie , ſi nous penſions que des
intérêts qui doivent nous être
étrangers , duſſent l'emporter
ſur le ſoin que nous devons à
notre propre ſûreté. Notre ſituation n'étoit pas à beaucoup près

auffi trifte qu'elle eft., lorfque du tems des Guerres qui précédérent les Traités de Munfter , de Nimegue , de Ryfwick & d'Utrecht , nous nous déterminâmes à mettre bas les Armes. La Paix particuliere que nous fîmes hâta la conclufion d'une Paix générale. Quelle gloire ne feroit-ce pas pour nous de rendre encore la tranquillité à l'Europe entiere ?

Mais commençons par nous rendre à nous-mêmes la liberté : car comment pourrions-nous ne pas nous laffer de la fervile dépendance à laquelle nous fommes affujettis , & qui approche fi fort de l'efclavage ? Je n'en dis pas trop , Monſieur , & en effet quelle trace reſte-t-il parmi nous de cette précieuſe liberté que nos Peres nous avoient tranſmiſe , & qu'ils avoient achetée de leur ſang ? Que penſeroient ces généreux Fondateurs de notre République , s'ils voyoient leurs deſcendans n'oſer ſe conduire que ſelon les vuës intéreſſées d'une impérieuſe Maiſon qui les opprime & qui les épuiſe ?

Nous ſommes libres , diſonsnous. Eh ! contentons-nous de dire que nous l'avons été ; & dans quel tems ? lorſque nous n'étions pas follement perſuadés que nos intérêts duſſent être

confondus avec ceux d'une Maifon qui ne fe fait des Alliés que
pour en faire autant d'Efclaves.
Si nous fommes libres, & d'où
vient eft-ce que depuis près d'un
fiécle les Miniftres de la Cour
de Vienne font les maîtres ab-
folus de toutes les réfolutions
que nous avons à prendre? D'où
vient eft - ce que nos Républi-
cains qui font animés du zéle
le plus pur & le plus ardent
pour la gloire & pour le bien
de l'Etat, n'ofent faire éclater
leur fentiment ; & que s'il leur
arrive de les découvrir, ils font
dès-lors expofés à une indigne
perfécution ?

Ce font ces zélés Compa-
triotes

triotes qui effrayés des périls
où devoit nous livrer le parti
que nous avons pris, déployé-
rent toute leur éloquence pour
démontrer que ce n'étoit que
par une exacte neutralité obfervée fcrupuleufement de notre
part, que nous pouvions pourvoir tout à la fois & à la confervation de nos Barrieres, & à la
fûreté de nos Provinces ; & n'é-
toit-ce pas-là l'unique chofe
que la France exigeât de nous ?
La propofition qu'elle nous fai-
foit de remettre entre nos mains
Dunkerque en ôtage, ne prou-
voit-elle pas évidemment que
cette Couronne n'avoit aucun
deffein fur les Pays-bas, & qu'il

D

ne dépendoit que de nous de
l'empêcher d'y porter la guerre.

Sages remontrances que firent
inutilement ceux de nos Répu-
blicains qui n'étoient point efclaves des volontés de la Cour
de Vienne. Leur voix fût étouf-
fée par celle des Miniftres Autrichiens. Ces derniers parlérent
& ils furent écoutés ; maîtres
de nos Délibérations, ils obtin-
rent que nous joindrions un
corps de vingt mille hommes
aux Troupes qui fe préparoient
à faire une invafion en Lor-
raine & en Alface.

Rappellez-vous, Monfieur
les oppofitions que la Province
d'Utrecht forma à l'exécution

(43)

d'un si téméraire dessein ; elle fit
représenter par ses Députés ,
,, *que puisque la Cour de Vienne*
,, *avoit été pressée inutilement de-*
,, *puis bien des années de remplir les*
,, *engagemens qu'elle avoit contrac-*
,, *tés envers la République ,* (enga-
,, gemens qui regardoient l'en-
,, tiere suppression de la Com-
,, pagnie d'Ostende , la répara-
,, tion des griefs de l'Oostfrise ,
,, & l'observation de différentes
,, conditions stipulées par le
,, Traité de Barriere ,) *on n'étoit*
,, *pas en droit d'exiger que la Répu-*
,, *blique satisfît aux obligations*
,, *qu'elle s'étoit imposée par le Traité*
,, *de garantie , à moins que l'on ne*
,, *supposât que la bonne foi dût ser-*
,, *vir de regle à l'une des Parties*

„ contractantes , & que l'autre pût
„ s'en dispenser dans des Trai-
„ tés dont les obligations sont réci-
„ proques. Qu'au reste l'on ne pou-
„ voit trop craindre de se voir en-
„ veloppé dans une Guerre qui en-
„ traîneroit infailliblement la ruine
„ totale de la République. Que
„ l'on devoit par consequent eviter
„ avec un très-grand soin tout ce
„ qui pourroit causer quelque sou-
„ pçon, ou quelque juste sujet d'of-
„ fense aux Puissances amies de la
„ République ; que cette attention
„ étoit particulierement nécessaire
„ dans un tems où l'on se donnoit
„ tant de mouvemens pour engager
„ la République à concourir à des
„ mesures contre une Couronne dont
„ leurs Hautes-Puissances ne sça-

,, voient pas que l'Etat eût reçu de-
,, puis long-tems le moindre sujet de
,, plainte. Que l'on devoit sur tout
,, se garder d'accorder quelque se-
,, cours de Troupes à la Reine de
,, Hongrie ; puisque par-là l'on of-
,, fenseroit la France , dont l'amitié
,, étoit d'une extréme importance
,, pour la République.

Et pour que ces remontrances fissent plus d'impressions ,,
leurs Nobles Puissances de la
Province d'Utrecht ajoutoient
,, qu'elles se voyoient forcées de pro-
,, tester à la face de l'univers & au-
,, près de toute la posterité contre
,, tous les engagemens qui seroient
,, pris au préjudice du repos de
,, l'Etat ; & qu'elles ne vouloient
,, pas être responsables des suites fu-

„ neftes que ces engagemens pour-
„ roient avoir.

Il femble que de femblables remontrances auroient bien dû nous ouvrir les yeux fur l'horreur du principe que l'on vouloit nous faire éviter ; peut-être l'entrevîmes-nous, & nous ne fûmes que plus ardens à nous y jetter, parce que nous y étions pouffés par les artificieufes follicitations des Miniftres Autrichiens. Leur féduifante autorité l'emporta fur la crainte qu'auroient dû nous infpirer les périls aufquels ils vouloient nous livrer. Nous ne fûmes pas longtems fans nous appercevoir du piége qu'ils nous avoient tendu ; mais ils nous avoient enchaînés, & qu'il s'en falloit bien qu'ils fuffent difpofés à nous rendre la liberté qu'ils nous avoient ôtée !

Ces premiers vingt mille hommes que nous avions fait paffer en Allemagne, & qui devoient concourir à l'exécution des vaftes projets formés contre la France , ne fuffirent pas à la Reine de Hongrie. Elle exigea non-feulement que nous deftinaffions à fon fervice toutes les Troupes que nous avions fur pied, mais encore que nous en priffions un plus grand nombre à notre folde , & cela fous le prétexte que nous n'étions pas moins intéreffés qu'elle à abaiffer la puiffance de la France.

(48)

Nous serions - nous rendus à
une si dangereuse invitation , si
nous n'y avions été forcés par
le crédit tout-puissant des Par-
tisans de la Cour de Vienne ?
Nous délibérons, & ce sont eux
qui décident ; nous voudrions
rendre le calme à nos Provinces
& les dérober aux dangers où
elles sont exposées ; nous sou-
pirons après la Paix , nous sou-
haiterions que les Propositions
qui en ont été faites fussent ac-
ceptées , mais la Cour de Vienne
ne veut pas s'en contenter ; &
la crainte que nous avons de
lui déplaire ; la servile dépendance dans laquelle elle nous
retient nous met dans la néces-
sité de continuer la Guerre ;
c'est

c'eſt-à-dire , d'achever de nous épuiſer & de nous perdre.

Il n'eſt pas poſſible que nous ne ſoyons ſenſibles aux ménagemens que la France a pour nous. Nous ſommes touchés de la modération dont elle uſe à notre égard ; ſon amitié nous eſt chere , parce que nous en ſentons tout le prix , & nous n'en ſommes pas pour cela plus attentifs à la conſerver ; il paroît même que nous ne craignons pas de nous expoſer à la perdre ; & c'eſt - là un riſque que notre aveugle complaiſance pour la Cour de Vienne nous fait braver.

Telle eſt , Monſieur , la liberté dont nous joüiſſons ; que ce foit la féduction ou la violence qui nous tienne dans l'efcla-vage, en fommes nous pour cela moins efclaves ?

Paffons à l'examen de la fitua tion de la République de Genes. Quelque trifte que foit fa defti-née ; je ne fçais, Monfieur, fi elle vous paroîtra plus déplora-ble que la nôtre. Mais confidé-rons auparavant comment cette malheureufe République a atti-ré fur elle l'orage qui l'a acca-blée.

Quel eft le crime qui a rendu les Genois les triftes victimes du cruel reffentiment de la Cour de Vienne ? Qu'ont-ils fait qui ait pû leur mériter les barbares traitemens que cette Cour imcable leur a fait essuyer ? Leur modération & leur patience a fait le sujet de l'étonnement de l'Europe entiere. L'injustice criante qu'on vouloit leur faire , sembloit exiger qu'ils courussent promptemnt aux Armies , & ils ne les ont prises que lorsqu'ils y ont été forcés par l'inflexible dureté du ministere Autrichien.

Vous sçavez , Monsieur , ce qui a été reglé par le Traité de Vormes par rapport au Marquisat de Final. Qui se seroit imaginé que la Cour de Vienne eût pû pousser l'injustice jusqu'à vouloir disposer d'un Domaine qu'elle sçavoit évidemment ne pas lui appartenir , & sur lequel

E ij

elle ne pouvoit former aucune prétention ? Avoit-elle oublié que ce Marquiſat qu'elle vouloit ceder au Roi de Sardaigne avoit été vendu avx Genois par le feu Empereur Charles VI. qu'ils avoient été exacts à payer le prix dont ils étoient convenus, & qu'ils avoient ſcrupuleuſement rempli toutes les conditions portées par le Contrat de vente paſſé entr'eux & ce Prince ?

C'étoit donc une affaire conſommée & qui ne pouvoit ſouffrir aucune difficulté, & la Cour de Vienne cependant entreprend de les troubler dans la poſſeſſion d'un héritage ſi juſtement acquis.

(53)

Inftruit comme je le fuis des ufages conftamment pratiqués par la Maifon d'Autriche, je ne fuis point furpris, Monfieur, qu'elle n'ait pas craint de fe rendre coupable d'une injuftice qui a dû révolter contre elle toutes les Puiffances de l'Europe. Si cette Maifon fe fait des Alliés, je fçai que ce n'eft pas en les enrichiffant à fes dépens, comme ce n'eft pas fa coutume de s'épuifer en s'acquittant de fes dettes.

La Cour de Vienne traite avec l'Electeur de Baviere, elle arrache de ce jeune Prince les plus généreux facrifices, & pour l'en récompenfer, elle lui affute un dédommagement à prendre fur les Domaines de l'Electeur Palatin. L'Empereur Ferdinand II. doit à Maximilien de Baviere une fomme de trente - fix millions, & la ceffion qu'il fait à ce Prince du haut Palatinat l'acquite de cette dette.

Mais qu'a fait la Reine de Hongrie en dépouillant les Genois du Marquifat de Final, que ce qu'elle fçavoit avoir été fait autrefois par un des premiers Empereurs de fa Maifon.

„Rodolphe, ce Rodolphe qu'-
„une bizarre fortune fit paffer
„du rang de fimple Domefti-
„que d'Ottocare Roi de Bo-
„hême à la dignité de Chef Su-
„prême de l'Empire, réfolu de
„fe faire un Patrimoine à quel-

„ que prix que ce fût , envoye
„ fon Chancelier en Italie avec
„ ordre d'affranchir toutes les
„ Villes & Etats qui voudroient
„ acheter leur indépendance.
„ La cupidité de Rodolphe fut
„ fatisfaite. Celui qu'il avoit
„ chargé de l'exécution de fes
„ ordres, lui mena un nombre
„ prodigieux de Mulets chargés
„ d'or & d'argent. Auffi les Au-
„ teurs Allemans nous appren-
„ nent que cet indigne Miniftre
„ n'avoit pas rougi de tenir pu-
„ bliquement un marché où les
„ biens de l'Empire furent mis
„ à l'encan. "

   „ Albert fils de Rodolphe ou-
„ bliant qu'il avoit lui-même re-

E iiij

,, cueilli le fruit du commerce
,, honteux fait par son pere, vou-
,, lut sans qu'il lui en coûtât au-
,, cun remboursement, rétablir
,, les droits de l'Empire alienés
,, par Rodolphe. " Telle fut,
Monsieur, de tout tems la
bonne foi & la droiture de la
plûpart des Empereurs Autrichiens. Je reviens aux Genois.

Si l'injustice qui leur étoit faite par le Traité de Vormes, les
surprit, elle ne leur fit rien perdre de leur modération. Des
intercessions, des remontrances
accompagnées d'une simple ex-
position de leurs droits, furent
les seules armes qu'ils employe-
rent.

Vivement follicités d'accorder aux Troupes combinées de France & d'Efpagne, le paffage dans les terres de leur République. Ils le refuferent, & n'eft-ce pas à ce refus joint à la neutralité obfervée fcrupuleufement pendant plus de deux ans par les Genois que la Reine de Hongrie doit la confervation des Etats qu'elle poffede ?en Italie. Car quelle réfiftance auroit pû oppofer un Pays dégarni de Troupes , & dont les Habitans fembloient fouhaiter avec ardeur de voir arriver le moment qui les fît paffer fous une autre domination?

Les Genois n'avoient-ils pas

fujet de fe promettre que la Cour de Vienne leur fçauroit gré de leur fermeté à réfifter aux preffantes inftances de fes Ennemis , & qu'elle abandonneroit l'injufte deffein qu'elle avoit formé de leur enlever un Domaine qu'ils poffedoient légitimement. Leurs Miniftres à la Cour de Londres firent à cette occafion des remontrances qui fembloient devoir obtenir à la République la réparation des griefs dont elle fe plaignoit. Mais fes plaintes ne furent pas écoutées. Il fut décidé que le traité de Vormes feroit exécuté dans tous fes points.

Mais pour faire oublier en

quelque façon aux Genois l'injuſtice qui leur étoit faite par ce honteux Traité ; on leur fit eſperer quelque dédommagement pour le Domaine qu'on vouloit leur ôter. Mais outre que mille exemples leur apprenoient qu'il en eſt des dédommagemens que la Cour de Vienne fait eſperer, comme des dettes qu'elle promet d'acquitter ; c'eſt-à-dire qu'elle oublie également & les uns & les autres, que pouvoit-on offrir à la République de Genes qui pût lui tenir lieu d'une poſſeſſion qui faiſoit la ſûreté de ſes Etats & de ſon Commerce.

Le Roi de Sardaigne cependant redoubloit fes inftances pour être mis en poffeffion du Marquifat de Final. L'Alliance de ce Prince affuroit aux Cours de Vienne & de Londres de trop grands avantages pour qu'elles ne s'empreffaffent pas à le contenter en effectuant les promeffes qu'elles lui avoient faites.

Quel parti reftoit-il donc à prendre aux Genois ? Quelques portés qu'ils fuffent à ne pas fe départir de la neutralité qu'ils s'étoient propofé de garder, leur honneur, leur intérêt leur permettoit-il de fouffrir patiemment qu'on leut enlevât un bien dont ils étoient Poffeffeurs par les plus juftes titres ? Ils étoient donc néceffités de chercher des défenfeurs con-tre la violence & l'oppreffion. Fatale 'extrémité où les rédui-foit l'injuftice & la dureté du Miniftere Britannique & Autri-chien.

Voilà cependant, Monfieur, le feul crime dont la Républi-que de Genes fe foit renduë cou-pable. Son alliance avec les trois Couronnes, alliance à laquelle elle a été en quelque façon for-cée eft felon la Cour de Vienne un attentat dont elle ne peut être trop feverement punie.

Quelles conditions plus du-res & plus humiliantes que cel-les qui ont été impofées à cette

malheureuſe République ? N'a-
t'on pas voulu exiger d'elle
qu'elle ſe couvrît d'une honte
éternelle par la députation
de ſon Chef , & de quel-
ques-uns de ſes Senateurs à la
Cour de Vienne ; & qu'auroient
pû dire ces Miniſtres , que leur
République ſe repentoit de s'ê-
tre oppoſée à l'injuſtice énorme
qu'on vouloit lui faire , & qu'elle
auroit dû ſouffrir pour acheter
la Paix ; qu'elle étoit inexcuſable
d'avoir pris des meſures qui puſ-
ſent la mettre à couvert de l'oppreſſion dont on la menaçoit ;
que l'exemple des Electeurs de
Saxe , de Treves , de Baviere ,
de Cologne , des Ducs de Vol-

fembutel , de Saxe-Gotha , de
Mantoue , de Savoye & de Mo-
dene , mis autrefois au ban de
l'Empire par les Empereurs Autrichiens , auroit dû apprendre
aux Genois qu'une alliance con-
tractée par le motif d'une jufte
défenfe ne laiffe pas que d'être
criminelle , dès qu'elle fe trouve
oppofée aux vuës ou aux intérêts de la Cour de Vienne.

Convenons que ce font-là les
feules excufes que l'on pouvoit
exiger des Genois ; fi on leur a
remis cette premiere peine , ce
n'a été que pour leur en impofer
d'autres bien plus accablantes.

Je fuis affuré , Monfieur , que
vous n'avez pû lire fans horreur

les Articles de la barbare Capitulation que le Général Autrichien voulut les obliger de signer. Jamais Vainqueur fit-il un plus cruel abus de sa victoire ?

Une République libre est réduite à l'esclavage le plus humiliant, on l'opprime, on l'épuise : après avoir violé à son égard les droits de l'équité & de la justice, on viole encore ceux de l'humanité. C'est en vain qu'elle représente l'impuissance réelle où elle est de satisfaire aux contributions exorbitantes ausquelles ont la condamne. On en exige le payement actuel sous les plus rigoureuses peines. Des essains de Troupes barbares se répan-

répandent de toute part ; & portent par tout la défolation & le ravage ; les principaux membres de l'Etat obligés de fuir cherchent inutilement un azile contre la perfécution. Leur retour dans la Capitale les rend témoins de la continuation des maux qui l'accablent, & qui ne font qu'augmenter. Le Pays épuifé par des contributions dont la dureté, & l'infatiable cupidité de la Cour de Vienne font la feule mefure, l'eft encore par l'obligation qu'on lui impofe de fournir à la fubfiftance d'une Armée nombreufe.

La confervation d'un commerce libre, auroit été une reffource pour cette République infortunée , & l'on fe faifît de tous fes Ports , comme l'on s'é-toit emparé de toutes fes Places fortes.

Mais ce n'en eft pas affés , tant de cruels traitemens ne font pas capables de fatisfaire l'inju-fte reffentiment dont la Cour de Vienne eft animée contre les Genois. Elle veut encore que pour fe dérober aux nouveaux châtimens que fon implacable vengeance leur prépare ; ils fe déterminent à prendre les Ar-mes contre de généreux & fi-delles Alliés.

Qu'en penfez-vous, Monfieur, s'il arrivoit que la France remportât fur nous des avantages qui nous miffent dans la néceſ-fité de lui demander la paix , croyez-vous qu'elle pouffât la dureté juſqu'à vouloir nous obliger de tourner nos Armes contre d'anciens Amis ?

Et cependant quelle différence entre notre conduite envers la France , & celle de la République de Genes à l'égard de la Reine de Hongrie ! La France nous menaçoit-elle de nous enlever quelques-unes de nos Provinces ? Exigeoit-elle de notre part quelque choſe de plus qu'une exacte neutralité ? Et malgré les ménagemens qu'elle a eu pour nous , ne nous fommes nous pas empreffés à concourir à toutes les mefures, que fes Ennemis ont pris pour l'accabler ?

Je crains, Monfieur, de le dire, mais c'eft un aveu que m'arrache la force de la vérité. Si les duretés exercées contre les Genois, ont excité tout à la fois, & la pitié, & l'indignation de la plûpart des Puiffances de l'Europe, ces mêmes cruautés exercées contre nous ne feroient regardées que comme le jufte châtiment de l'abus que nous avons fait de la moderation dont la France a ufé à notre égard.

Je finis, Monfieur, cette longue Lettre par quelques réflexions qui me paroiſſent bien dignes de votre attention. Si une fierté mal placée nous empêche de nous plaindre ouververtement des maux qui nous accablent, en ſont-ils pour cela moins réels, & pouvons-nous les déguiſer à nous - mêmes ? Nous gémiſſons ſous l'oppreſfion, nous ſentons notre épuiſefement. Nous nous trouvons chargés de chaines que nous ne pouvons rompre, & ces maux ce ne ſont point nos ennemis, c'eſt un de nos plus chers Alliés, c'eſt la Cour de Vienne qui nous les cauſe, c'eſt elle qui nous opprime, qui nous épuiſe, qui nous retient dans la ſervitude.

Je veux que la condition des Genois foit autant & même plus déplorable que la nôtre, c'eft du moins pour eux une confolation de n'avoir pas été facrifiés à l'intérêt ou à l'ambition de leurs Alliés. Leur malheur eft uniquement l'ouvrage de la cupidité & de la cruelle vengeance de la Cour de Vienne.

Mais il leur refte dans leur infortune une efperance dont nous n'oferions nous flatter : car de quelque maniere que la Guerre doive fe terminer , quelle indemnité recevrons - nous pour les fommes qu'elle nous aura coûté ? qui eft-ce qui nous tiendra compte de tant de fubfi-

des que nous aurons fournis, &
& qui excédent de beaucoup les
contributions exceffives exigées
des Genois ? Si l'on nous remet
en poffeffion de nos Barrieres,
dans quel état nous feront-elles
renduës ? Suppofons que le fort
des Armes faffe rentrer les Païs-
Bas fous la puiffance de la Maifon d'Autriche, & qu'elle con-
fente à nous accorder de nouvelles Places en ôtage , nous les
recevrons, & nous nous met-
trons par là dans la néceffité
d'entrer dans toutes les Guerres
qu'elle fera, ou qu'elle aura à
foutenir. Fatale néceffité qui
perpetuera notre efclavage. Il
fuffira que les liens de quelque

commun intérêt nous attache à cette Maiſon pour qu'elle nous tienne dans la dépendance, & toujours elle nous ſacrifiera à ſa cupidité & à ſon ambition.

J'ai dit, Monſieur, qu'il reſtoit aux Genois une eſperance que nous ne pouvons avoir. S'ils ont été fidéles à remplir les engagemens qu'ils avoient contractés, ils peuvent compter ſur une fidélité reciproque de la part de leurs Alliés, & ils ſont en droit de s'en promettre les ſecours les plus puiſſans.

J'oſe dire que l'honneur & la gloire de la France & de l'Eſpagne demandent qu'elles ne ne mettent bas les Armes que lorſlorfqu'elles auront procuré aux Genois une fatisfaction proportionnée à l'injuftice qui leur a été faite & à la tyrannique oppreffion que la violence leur fait fouffrir ; & heureufement pour les Genois, ces deux Couronnes font en état de réparer les pertes que le fort des Armes leur a fait effuyer en Italie. Si, comme elles paroiffent s'y préparer , elles oppofent des forces bien fuperieures à celles de leurs Ennemis , ne peuvent-elles pas efperer qu'une Campagne leur rendra tous les avantages qu'une feule Campagne leur a ôtés ; & fi ce cas arrivoit, croyez vous, Monfieur, que la conftance du

G

Roi de Sardaigne n'en fût pas ébranlée , & qu'il voulût laiſſer ſes Etats expoſés aux mêmes périls auſquels il vient de les dérober ?

Tout ce que nous devons ſouhaiter, c'eſt que la France ne faſſe pas uſage des reſſources infinies qu'elle a pour combattre avec avantage. Nous nous rappellons encore les Armées nombreuſes qu'elle avoit ſur pied dans le tems même qu'elle ſembloit devoir être épuiſée par les longuesGuerres qu'elle avoit eu à ſoutenir contre le plus grand nombre des Puiſſances de l'Europe, qu'eſt-ce qui pourroit l'empêcher d'en lever de pareilles ? Defirons qu'elle n'en connoiffe pas la néceffité ; mais ce que nous devons fouhaiter avec le plus d'ardeur, c'eft qu'elle ne ceffe pas de fe flatter de pouvoir nous gagner par des ménagemens aufquels nous ne manquerons pas de répondre felon que nos intérêts & les cir-conftances du tems l'exigeront.

Adieu, Monfieur, dans la premiere Lettre que j'aurai l'honneur de vous écrire, je me propofe d'examiner fi c'eft par l'injuftice de la Cour de Vienne ou par celle de la Cour de Ver-failles, que la Guerre a été en-treprife & qu'elle a été conti-

nuée jusqu'à préfent. Je fuis
avec une parfaite eftime ,

M O N S I E U R ,

Votre très-humble &
très - obéiffant Ser-
viteur , ✳✳✳

A Paris ce 7 Janvier 1747.